Sam der Königspudel

Erzählung: Monika Döringer
Bilder: Miriam Knieß

© 2021 by Monika Döringer

Verlag Pegasus Bücher
Satz & Druck:
GRAPHIC-FACTORY, Hungen
Erste Auflage

ISBN: 978-3-9821692-6-2

Das Werk, einschließlich seiner Teile, ist urheberrechtlich geschützt.
Jede Verwertung ist ohne Zustimmung des Verlages und der Autorin unzulässig.
Dies gilt insbesondere für die elektronische oder sonstige Vervielfältigung,
Übersetzung, Verbreitung und öffentliche Zugänglichmachung.

Mail-Kontakt zur Autorin:
m.doeringer@online.de

Mail-Kontakt zum Verlag:
juergen.bodelle@t-online.de

Postadresse:
Pegasus Bücher
Postfach 1111
D-35321 Laubach

Sam, der Königspudel

Hallo! Ich bin Sam, ein schwarzer Pudel, und ich wohne mit meinem Herrchen Paul zusammen in einem kleinen Haus am Rande der Stadt.

Da mein Herrchen sich vor kurzem ein Bein gebrochen hat, liegt er jetzt die meiste Zeit jammernd auf dem Sofa. Nun ist erst mal nichts mehr mit langen gemeinsamen Spaziergängen.
Ab heute muss ich wohl oder übel alleine durch die Stadt und die Felder streifen, denn bei einem so schönen Sommerwetter kann man doch unmöglich drinnen bleiben!
Das einzig Schöne an so einem Alleingang ist, dass man keine Hundeleine braucht.

Aber jetzt nichts wie raus in die Welt. Mal sehen, wen man da so trifft.

Zuerst gehe ich am Feldrand entlang in Richtung Stadt.
Ist das langweilig so alleine ohne Paul!

Plötzlich sehe ich schon von weitem ein Rudel weißer Pudel.
Ich könnte ja mal fragen, ob ich mich da anschließen kann.
Nachdem ich all meinen Mut zusammengenommen habe, laufe ich zu ihnen hinüber. „Hallo, ich bin Sam! Ich suche jemanden zum Spielen.
Kann ich mich euch vielleicht anschließen?"
Neugierig mustern mich die weißen Pudel von oben bis unten. Einer von ihnen antwortet mir grimmig: „Ich bin Leo, der Anführer der weißen Pudel. Wir sind eine ganz besondere Rasse, wir sind sehr schlau und geben uns daher nicht länger als unbedingt nötig mit schwarzen Pudeln wie dir ab.
Zieh also lieber Leine!"
Mit stolzem Gang und hoch erhobener Nase geht er an mir vorbei
und der Rest des Rudels lacht mich aus.

Ich kehre geknickt, mit eingezogenem Schwanz, nach Hause zurück.
Das ist ja mal gar nicht gut gelaufen.
Ob ich mich morgen noch mal in die Stadt traue?
Die weißen Pudel sind ganz schön eingebildet und machen mir irgendwie Angst, aber ich lasse mich nicht unterkriegen.
Morgen gehe ich wieder in die Stadt, ganz sicher!

Die weißen Pudel sind sehr schlau, hatte Leo, ihr Anführer, gesagt.
Aber wenn sie so schlau sind, verstehe ich nicht, was sie gegen schwarze Pudel haben, wie ich einer bin.
Die Fellfarbe ist doch total egal, auf den Charakter kommt es an.

Heute schaue ich erst mal bei meinem besten Freund Timo vorbei.
Ich muss ihm unbedingt erzählen, was ich mit den weißen Pudeln erlebt habe. Er wohnt nur drei Häuser von mir entfernt. Hoffentlich ist er zu Hause.

Da sehe ich Timo auch schon hinter einem großen Stapel Kartons hervorschauen. „Hallo Timo, was ist denn bei Euch los?",
frage ich ihn verwundert. Traurig schaut er mich an und antwortet: „Meine Familie wird am Wochenende mit mir in eine andere Stadt umziehen."
„Oh nein! Warum das denn? Das ist ja furchtbar," erwidere ich verzweifelt. „Was soll ich ohne dich nur machen? Dann bin ich hier ja ganz alleine!"
„Mir gefällt der Umzug auch nicht, aber mein Herrchen hat eine neue Arbeit angenommen", sagt Timo, „also ziehen wir schon diesen Samstag nach München."
„Wo liegt das denn, und wie weit ist das weg?", frage ich ihn.
„Keine Ahnung! Irgendwo in Bayern! Wollen wir mal im Atlas nachsehen?" Timo macht sich auf die Suche nach einem Atlas und beginnt darin zu blättern. „Das sind ja fast 200 Kilometer von hier entfernt!", stellt er erschrocken fest.
„Puh, das ist wirklich weit, aber für dich ist mir kein Weg zu weit. Ich komme dich auf jeden Fall besuchen", versichere ich ihm.

Dann erzähle ich Timo von meiner Begegnung mit den weißen Pudeln.
„Ach, die halten sich doch schon immer für etwas Besseres.
Halt dich von denen bloß fern", meint Timo.
„Könntest du mit mir nochmal in Richtung Stadt gehen?" frage ich ihn.
„Alleine traue ich mich nicht mehr."
„Klar!", antwortet mir Timo.
Von weitem sehen wir schon die weißen Pudel.
Mein Herz beginnt heftig zu schlagen. Am liebsten würde ich gleich wieder umdrehen, aber Timo fängt laut zu lachen an: „Zu zweit müssen wir doch keine Angst vor denen haben. Auf geht's!"
Seit wann ist mein Freund Timo denn so mutig?

Da kommt uns schon der Anführer Leo laut bellend, mit gesträubtem Nackenfell und gefletschten Zähnen, entgegen. „Was wollt ihr hier? Verschwindet sofort aus unserem Revier, sonst könnt ihr was erleben."
Langsam kommt das ganze Rudel bedrohlich auf uns zu.
Ich habe panische Angst und mein Freund Timo sieht auch nicht mehr so mutig aus. Trotzdem stellt er sich entschlossen vor das Rudel und fragt:
„Wo steht denn geschrieben, dass das hier euer Revier ist?"

Leo antwortet Timo erst gar nicht, sondern wendet sich einem anderen weißen Pudel zu und sagt: „Ben, ich glaube die Beiden haben einen Denkzettel verdient! Was fällt uns denn da Schönes ein?"
„Dann überlegt ihr mal in Ruhe weiter, ihr eingebildeten weißen Pudel", sagt Timo und dreht sich blitzschnell zu mir um:

„Sam, renn los! Renn so schnell du kannst!"

Von Angst getrieben, renne ich so schnell wie noch nie in meinem Leben, direkt hinter mir Timo. Die weißen Pudel verfolgen uns.
Aber wir sind zum Glück schneller und nach einer Weile außer Gefahr.

Noch immer ganz außer Atem, schnaufe ich: „Puh! Das war knapp! Was soll ich denn bloß machen, wenn ich ohne dich in so eine gefährliche Situation komme?"
„Ach Sam, mir tut es doch auch leid, dass meine Familie umziehen muss. Du findest bestimmt einen neuen besten Freund. Aber halte dich besser von den weißen Pudeln fern. Die sind einfach nur eingebildet, und ich glaube auch gefährlich",
antwortet mir Timo.
„Ich muss jetzt aber leider erst mal nach Hause, Sam. Mein Herrchen ist am Kartons packen und vermisst mich sicher schon. Dass mein Frauchen mir nur nicht vergisst, meine Lieblings-decke mit einzupacken! Tschüss Sam, bis morgen."

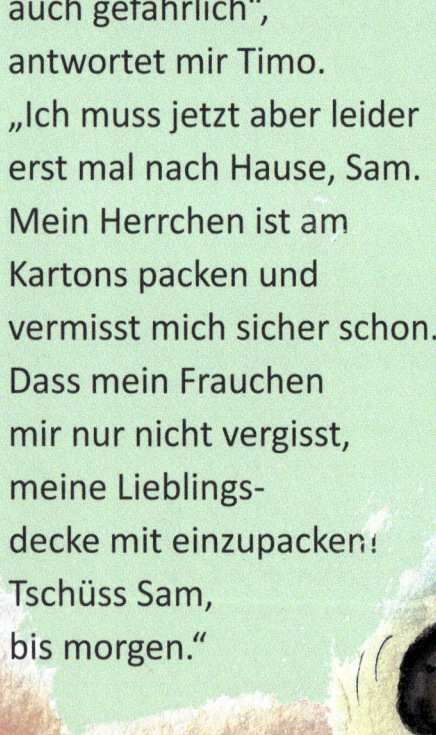

Sehr traurig und immer noch total außer Puste mache ich mich auf den Weg nach Hause. Zu Hause angekommen, sehe ich mein Herrchen im Garten auf einem Liegestuhl. Ich frage mich, wie er es mit seinem gebrochenen Bein überhaupt allein hierher geschafft hat, doch dann sehe ich zwei Krücken neben ihm liegen.
„Hallo Sam! Wo bist Du denn gewesen? Du siehst ja total fertig aus!"

Wenn Du wüsstest, wie gefährlich es da draußen mit den weißen Pudeln für Timo und mich war.
„Na komm mal her", sagt mein Herrchen und krault mir die Ohren.
Ooh! Das ist schön!
Jetzt noch ein Leckerli und ich schwebe im siebten Hundehimmel.

Mein Herrchen sieht irgendwie traurig aus. Das ist leider oft so, seit letztes Jahr mein Frauchen nach langer Krankheit gestorben ist.
Sie hat mir immer Leckerlis gegeben, mein Herrchen vergisst es oft.
Ich glaube er ist so traurig, weil sie nicht mehr da ist. Ich kann ihn gut verstehen, denn ich bin auch immer noch traurig deswegen.
Jetzt muss ich erst mal eine Runde schlafen.
Morgen ist bestimmt ein besserer Tag.

Am Morgen werde ich durch ein lautes Klingeln geweckt.
Wer kann das nur sein? Mein Herrchen öffnet mit seinen Krücken die Haustür. Seine Schwester Simone kommt herein. Ich freue mich riesig. Von ihr bekomme ich immer eine große Portion Leckerlis und werde ganz lange gekrault. Dieser Morgen fängt ja super an!
Hoffentlich geht das heute so weiter.
„Wie geht es dir?", fragt Simone mein Herrchen.
„Naja, den Umständen entsprechend. Könnte besser sein", antwortet er ihr.
„Wird schon wieder", sagt Simone. „Es dauert eben seine Zeit, bis ein Beinbruch wieder verheilt ist. Weißt du eigentlich, dass Familie Steffen mit Sams Freund Timo am Wochenende nach München umzieht?"

Mein Herrchen schaut mich mitleidig an. „Oh Sam, das ist ja keine schöne Nachricht für dich. Timo ist doch dein bester Freund."
Ja, da hat er Recht, aber heute ist Timo ja zum Glück noch da. Also erst mal frühstücken und dann auf zu Timo. Simone verabschiedet sich nach dem Frühstück von ihrem Bruder Paul und da sie in die gleiche Richtung muss wie ich, brechen wir gemeinsam auf. Super, dann bin ich nicht alleine, falls ich noch einmal auf die weißen Pudel treffen sollte. Zum Glück bleibt mir ein erneutes Aufeinandertreffen diesmal erspart. Ich verabschiede Simone an einer Straßenecke und Timo wartet schon auf mich.

„Hallo Timo, wie kommt ihr mit dem Umzug voran? Ist alles eingepackt?", frage ich ihn.

„Ja, morgen früh fahren wir mit dem Zug los, weil wir neben den vielen Kisten nicht mehr alle ins Auto passen. Kommst du mit an den Bahnhof, um mich zu verabschieden?", fragt mich Timo.

„Na klar! Aber danach muss ich wohl alleine nach Hause laufen. Das macht mir zwar ein bisschen Angst, doch ich denke, das schaffe ich schon", antworte ich ihm.

„Ich habe gestern mitbekommen, dass mein Herrchen unser Haus verkauft hat", sagte Timo. „Eine neue Familie zieht hier nächste Woche ein, und wenn ich es richtig verstanden habe, hat die auch einen Hund."

„Wirklich! Was denn für einen Hund?", frage ich Timo.

„Das weiß ich leider nicht. Ich hoffe mal, dass es kein weißer Pudel ist", antwortet er mir mit einem Augenzwinkern.

„Ja, das hoffe ich auch", erwidere ich. „Komm wir gehen zum Pool eine Runde schwimmen."

Und so hatten wir noch einen sehr schönen Tag zusammen.

„Tschüss Sam, dann bis morgen", verabschiedet mich Timo.
„Ach und ich habe noch ein Abschiedsgeschenk für Dich."
Er gibt mir seine Lieblingsdecke.
„Oh, das kann ich aber nicht annehmen.
Das ist doch deine Lieblingskuscheldecke", sage ich überrascht.
„Doch das kannst du ruhig annehmen! So vergisst du mich nicht",
antwortet Timo.

Ich bedanke mich bei ihm und laufe mit Tränen in den Augen und Timos Decke im Maul zurück nach Hause. Jetzt muss ich erst mal überlegen, was ich Timo zum Abschied schenken könnte. Ach ja! Meinen Lieblingsball, von dem ich mich zwar nur ungern trenne, aber von Timo trenne ich mich ja auch nicht gerne. Ich hoffe, er vergisst mich nicht.
Ich gähne und merke daran, dass ich sehr müde bin. Daher kuschle ich mich in Timos Decke in mein Hundekörbchen und muss erst mal schlafen.

Am nächsten Morgen werde ich schon früh wach. Mein Herrchen humpelt mit seinen Krücken durch die Küche und bringt mir mein Frühstück. Danach nehme ich meinen Lieblingsball und laufe wieder zu Timo.
Sein Frauchen und die Kinder sitzen schon im Auto und er steht davor und wartet sehnsüchtig auf mich. „Guten Morgen Timo!", begrüße ich ihn schwanzwedelnd. „Ich habe mich gestern so über dein Abschiedsgeschenk gefreut, dass ich dir auch etwas schenken möchte, was mir sehr wichtig ist", und ich überreiche ihm meinen Lieblingsball.
„Oh Sam, darüber freue ich mich aber sehr", sagt Timo mit Freudentränen in den Augen.

„Nun steigt schon ein ihr beiden! Ihr könnt euch dann am Bahnhof richtig voneinander verabschieden", ruft Timos Frauchen, „sonst verpassen wir noch unseren Zug."
Auf der kurzen Fahrt zum Bahnhof sind wir sehr schweigsam und traurig.
Dort angekommen, heißt es dann erst einmal Abschied nehmen.
Wir müssen beide weinen, weil wir uns jetzt schon vermissen.
Von Timos Frauchen und den Kindern bekomme ich noch meine Streicheleinheiten und ein paar Leckerlis.
„Mach es gut Sam, wir werden dich sehr vermissen",
sagen sie zum Abschied.
„Sam, komm mich bitte in München besuchen,
da freue ich mich jetzt schon drauf!",
sagt Timo und steigt in den Zug.
Die Türen schließen sich,
ein letztes Winken und schon fährt der Zug
davon. Mach es gut mein Freund!

Traurig trete ich den Heimweg an.
Was mache ich jetzt bloß
ohne meinen besten Freund?

Mit einem gemeinen Grinsen und
gefletschten Zähnen
kommt er mir immer näher.
Mein Herz schlägt laut vor Angst
und meine Beine sind wie gelähmt.
Wie komme ich hier nur lebend raus?
Leo ruft sein Rudel:
„Schaut mal wen wir hier haben.
Was wollen wir jetzt mit ihm machen,
welche Bestrafung fällt uns denn da ein?"
Das Rudel fällt in ein schauderhaftes
Lachen ein und mir bleibt vor Angst
fast das Herz stehen.
Langsam kreisen sie mich ein und lassen
mir keinen Ausweg. „Ohne deinen Freund
bist du wohl nicht mehr so mutig", stellt
Leo fest. „Raus aus unserem Revier und lass
dich hier nie wieder blicken."
Sie schupsen mich hin und her und
einer der weißer Pudel beißt mir ins Ohr:

„Hau bloß ab."

So schnell ich kann, laufe ich verletzt
nach Hause.

Dort angekommen sieht mein Herrchen Paul gleich, dass ich am Ohr verletzt bin. „Sam, was ist denn mit dir passiert? Zeig mal. Oh, das sieht ja schlimm aus, wir rufen lieber Herrn Bauer, unseren Tierarzt, an."
Der Tierarzt kommt und versorgt meine Wunde. Sind das Schmerzen! Herr Bauer sagt zu meinem Herrchen: „Sieht aus wie eine Bisswunde, das dauert eine Weile, bis es wieder verheilt ist."
„Sam, wer war das bloß? Wenn ich die erwische, die können was erleben!" Mein Herrchen ist total sauer, aber ich bin jetzt einfach nur müde und schlafe schnell ein.

Am nächsten Tag werde ich erneut durch ein lautes Klingeln geweckt. Simone kommt wieder auf einen Krankenbesuch vorbei.
„Oh Sam, was ist denn mit dir passiert? Das sieht ja schlimm aus."
Mein Verband leuchtet weiß an meinem schwarzen Ohr und ist daher kaum zu übersehen. „Wer war das bloß?", fragt Simone.

Mein Herrchen Paul unterhält sich lange mit Simone über das, was am Vortag passiert sein könnte. „Ich glaube, das waren die weißen Pudel", vermutet Simone.
„Wie kommst du denn darauf?", fragt Paul verwundert.
„Mein Nachbar hat mir letzte Woche erzählt, dass sie sich zu einem Rudel zusammengeschlossen haben und wenn ein fremder Hund ihr Revier betritt, wird er vertrieben. Das hat sich schon in der ganzen Stadt rumgesprochen. Aber was kann man da nur machen?
Der arme Sam, er tut mir richtig leid, jetzt wo sein Freund Timo auch noch weg ist."
„Ich werde das auf der nächsten Bürgerversammlung ansprechen, so geht das nicht weiter!", antwortet Paul.
„Das ist eine gute Idee! Jetzt muss ich aber wieder los, sonst komme ich noch zu spät zur Arbeit.
Bis morgen und weiterhin gute Besserung euch Beiden", ruft Simone uns zum Abschied zu und verlässt das Haus.

Mein Herrchen setzt sich zu mir und stellt mir mein Lieblingsessen hin.
Ich habe aber keinen Appetit, weil ich immer noch Schmerzen habe und
mir mein Freund fehlt. „Armer Sam, aber das wird schon wieder",
tröstet mich mein Herrchen.
Am nächsten Morgen geht es mir schon etwas besser, aber in den nächsten
Tagen ist wohl erstmal Ausruhen angesagt.
Alleine traue ich mich sowieso nicht mehr raus.
Simone kommt wie jeden Morgen bei uns vorbei. „Hallo ihr beiden,
geht es euch heute besser?" Sie möchte mich mit Leckerlis füttern,
aber ich habe immer noch keinen Appetit.
„Kopf hoch Sam, das wird schon wieder",
sagt Simone und streichelt mich ausgiebig,
bevor sie wieder an die Arbeit gehen muss.
Also chillen mein Herrchen und ich
die Woche über vor uns hin.
Frische Luft gibt es für uns zurzeit
nur im Garten und daher ist mir
total langweilig.

Drei Häuser weiter steht ein Möbelauto. Ob die neue Familie schon einzieht? Ist mir aber auch egal. Meine Stimmung ist im Keller und mein Ohr tut immer noch weh. Müde schlafe ich wieder ein.

„Guten Morgen ihr beiden!" Gut gelaunt kommt Simone am nächsten Morgen wieder auf einen Besuch bei uns vorbei. „Ich habe euch für heute etwas Leckeres zum Mittagessen mitgebracht. Es wird Zeit, dass ihr mal wieder etwas Richtiges zum Essen zu Hause habt. Übrigens, drei Häuser weiter ist gestern eine neue Familie eingezogen und wie ich gehört habe, hat die auch einen Hund. Sam, vielleicht findest du dort ja einen neuen Freund. Ich würde mich total für dich freuen."

„Was ist es denn für ein Hund?", fragt mein Herrchen.

„Oh tut mir leid, dass weiß ich leider nicht", sagt Simone.

„Sam, schau doch einfach mal bei ihnen vorbei."

Ja, das könnte ich tun. Meinem Ohr geht es auch langsam wieder besser – ein Glück! Mal schauen, vielleicht gehe ich heute Nachmittag mal hin. Nach dem leckeren Mittagessen von Simone werde ich total müde und schlafe wieder ein.

Als ich wach werde, halte ich die Langeweile einfach nicht mehr aus. Ich habe mich nun genug ausgeruht und will neugierig zu Timos altem Haus laufen. Mal sehen, wie die neuen Nachbarn so sind.
Langsam laufe ich auf das Haus zu.

Oh Schreck, da sehe ich schon das Elend!

Ein weißer Pudel sitzt in der Einfahrt. Schnell will ich wieder zurück nach Hause laufen, da spricht mich der weiße Pudel an. „Hallo! Wohnst du hier? Wie heißt du denn?" Vor Schreck renne ich so schnell ich kann nach Hause ohne eine Antwort zu geben.
„Der ist aber komisch", sagt sich der weiße Pudel. „Ich hoffe mal, hier sind nicht alle so. Morgen gehe ich in die Stadt, mal sehen, wen man da so trifft. Heimweh habe ich auch, aber meine Familie musste wegen der neuen Arbeit von Frauchen umziehen. Also muss ich das Beste daraus machen."
Am nächsten Tag geht der weiße Pudel in die Stadt. Dort trifft er auf das Rudel weißer Pudel. Alle schauen ihn an. „Hallo, wen haben wir denn da?", fragt Leo der Anführer.
„Ich bin Jacky. Ich bin vor drei Tagen in diese Stadt gezogen und suche Anschluss."

„Ach, so ist das", sagt Leo. „Bei uns musst du aber erst mal eine Aufnahmeprüfung bestehen!"
„Okay, was muss ich da machen?", fragt Jacky.
„Einen schwarzen Pudel verprügeln", lacht Leo und das Rudel fällt in sein Lachen ein. „Schwarze Pudel haben in unserem Revier nichts zu suchen, wir gehören ja wie du einer besonderen Rasse an und geben uns nicht mit dummen schwarzen Pudeln und anderen Promenaden-Mischungen ab. Aber zeig mal, was hast du denn da an deinem Ohr?", fragt Leo.
„Mein Ohr ist von Geburt an schwarz, so bin ich geboren. Ist das etwa auch ein Problem für euch?", fragt Jacky.
„Und ob!", sagt Leo. „Wir sind reinrassige weiße Pudel und geben uns mit Mischlingen wie dir nicht ab. Also verschwinde sofort aus unserem Revier und lass Dich hier nicht mehr blicken, sonst lernst du uns richtig kennen." Das Rudel fällt in ein gemeines Lachen ein.
Mit gefletschten Zähnen kommen sie auf Jacky zu.

Langsam bekommt Jacky Angst und sagt verunsichert:
„Ich geh dann mal lieber. Da, wo ich her komme, war es nie ein Problem, dass ich ein schwarzes Ohr habe."
Leo antwortet ihr: „Dann geh doch wieder dahin zurück.
Zu uns passt du jedenfalls nicht. Verschwinde jetzt!
Bei unserer nächsten Begegnung sind wir nicht mehr so freundlich."

Traurig und mit dem Gefühl von Einsamkeit geht Jacky zurück nach Hause.
Das ist ja alles andere als gut gelaufen. In ihrem alten Zuhause musste sie
Rosi, ihre beste Freundin – eine süße Dackeldame – zurücklassen.
So gerne würde sie ihr jetzt erzählen, was ihr hier gerade mit dem Rudel
der weißen Pudel passiert ist. In die Stadt will sie so schnell
nicht wieder gehen.
Da bleibt sie lieber alleine ohne Freunde.

Und Sam? Er sitzt zu Hause und langweilt sich fürchterlich.
Heute bekommt mein Herrchen endlich den Gips an seinem Bein abgenommen, denkt er. Dann kann er wieder mit mir spazieren gehen, da freue ich mich sehr drauf.
Simone und Paul kommen vom Krankenhaus zurück. Der Gips ist ab.
Freudig springe ich mein Herrchen an.
„Können wir gleich spazieren gehen?", frage ich ihn.
„Ach Sam, so schnell geht das leider nicht. Ich muss zuerst wieder richtig laufen lernen. Ab morgen gehe ich zur Krankengymnastik, aber eine kleine Runde können wir beide heute versuchen zu gehen."
Simone verabschiedet sich von uns beiden. „Nun geht es meinen beiden Herren ja schon viel besser", sagt sie und zwinkert uns zum Abschied zu.
Paul, mein Herrchen, muss sich ausruhen.
Ja, eine Runde schlafen kann nicht schaden.

Am Nachmittag werden wir beide wach.
„Hey Sam, nach dem langen Ausruhen lass uns doch versuchen,
drei Häuser weit zu gehen. Einen Versuch ist es wert."
Gemeinsam mit meinem Herrchen fühle ich mich sicher.
Er humpelt sehr langsam los, mit mir im Schlepptau.

An dem Haus, in dem mein Freund Timo bis vor Kurzem gelebt hat,
bleibt er stehen und hält sich am Zaun fest.
„Oh Sam, das Laufen fällt mir doch noch nicht so leicht.
Ich glaube, wir müssen schon wieder umkehren."
In diesem Moment öffnet sich die Haustür, heraus kommen
eine hübsche Frau und, oh Schreck, der weiße Pudel.
„Kann ich ihnen irgendwie helfen?", fragt die Frau besorgt.
„Hallo, mein Name ist Paul", antwortet mein Herrchen und
reicht der jungen Frau die Hand. „Ich bin fast ihr direkter Nachbar
und wohne nur drei Häuser weiter."

„Ich habe das Gefühl, dass es ihnen nicht gut geht, weil sie sich am Zaun abstützen", sagt die Frau.
„Mein Bein war gebrochen und ich habe erst heute den Gips abbekommen", antwortet ihr Paul. Der weiße Pudel schaut mich mit großen Augen an. Weglaufen kann ich nicht, mein Herrchen hat mich ja an der Leine.
„Hallo! Wer bist du denn? Bist du nicht vor ein paar Tagen
vor mir weggelaufen, als ich dich angesprochen habe?", fragt mich der Pudel.
Ein Glück, dass mein Herrchen bei mir ist. Auch wenn es keinen wirklichen Grund gibt, so habe ich doch Angst vor dem weißen Pudel.
„Mein Name ist Sam," sage ich schüchtern.
„Und ich bin Jacky. Ich suche hier Anschluss und jemanden zum Spielen."
„In der Stadt gibt es ein Rudel anderer weißer Pudel, mit denen verstehst du dich bestimmt", antworte ich zögernd.
„Oh nein! Ganz sicher nicht, die habe ich schon kennengelernt.
Vor denen habe ich eher Angst", sagt sie zu mir.
„Ja, so geht mir das auch", entgegne ich. „Schau mal, mein Ohr,
das ist immer noch rot. Einer von ihnen hat mir da reingebissen."

„Mein Ohr mögen die weißen Pudel auch nicht, weil es schwarz ist",
sagt Jacky.
„Oh! Dein schwarzes Ohr fällt mir jetzt erst auf. Sieht irgendwie lustig aus",
sage ich lächelnd zu Jacky.
Mittlerweile wird sie mir doch irgendwie sympathisch.
„Danke für das Kompliment! Die weißen Pudel sehen das leider etwas anders. Sie haben gesagt, ich sei ein Mischling und haben mich daher
aus ihrem Revier vertrieben. In die Stadt gehe ich so schnell nicht mehr,"
antwortet Jacky.
„Da sind wir schon zu zweit, ich gehe da alleine auch nicht mehr hin",
entgegne ich.

Mein Herrchen unterhält sich immer noch mit Jackys Besitzerin.
„Dann auf gute Nachbarschaft! Und leben Sie sich gut ein", sagt Paul.
„Komm Sam, mein Bein tut langsam aber sicher wieder weh,
lass uns nach Hause gehen."
„Tschüss Sam! Komm mich doch morgen besuchen,
würde mich sehr freuen", ruft Jacky uns nach.
„Okay, dann bis morgen", antworte ich ihr.

„Na Sam, das ist ja eine sehr hübsche Hundedame, genau wie ihr Frauchen", lacht Paul. Ja, das stimmt, da muss ich ihm Recht geben.
Gut gelaunt gehen wir den kurzen Weg zurück nach Hause.
Am nächsten Tag muss mein Herrchen zur Krankengymnastik und ich mache mich auf den Weg zu Jacky. Sie sitzt in der Einfahrt und lächelt mir entgegen.
„Hallo Sam, schön, dass du kommst", ruft sie.
Ich erzähle ihr, dass mein Freund Timo bis vor kurzem hier gewohnt hat, aber leider umgezogen ist.
„Oh, das war bestimmt traurig für Dich", sagt sie mitfühlend.
„Mir geht es ähnlich. Ich vermisse Rosi auch, das war meine beste Freundin in meinem alten Zuhause."
„Warum seid ihr denn überhaupt umgezogen?", frage ich.
„Mein Herrchen und mein Frauchen haben sich getrennt, und ich bin bei meinem Frauchen und den Kindern geblieben. Die Kinder sind sehr traurig, weil ihr Papa nicht mehr bei uns wohnt." Dann macht Jacky einen Vorschlag: „Wollen wir zum Pool, eine Runde schwimmen?
Einen Pool hatten wir in unserem alten Zuhause nicht, der ist echt super."

39

Nach einer Weile schwimmen und einer schönen Abkühlung ruhen wir uns auf der Wiese im Garten aus. „Sam, gehst du heute noch in die Stadt?", fragt sie mich.
Ich antworte kopfschüttelnd: „Nein, auf keinen Fall, das ist mir zu gefährlich. Ich will mir nicht nochmal von einem weißen Pudel ins Ohr beißen lassen. Sorry, tut mir leid, Jacky, du bist ja auch ein weißer Pudel, aber zum Glück ganz anders als die."
Sie schaut mich an. „Ich kann dich sehr gut verstehen.
Mit denen möchte ich auch nichts zu tun haben!"
„Morgen kannst du mich dann besuchen kommen, wir haben einen sehr schönen Garten", biete ich Jacky an.
„Danke, das mache ich sehr gerne", entgegnet sie. „Tschüss Sam, bis morgen. Ich freue mich darauf, dich wiederzusehen."
Wer hätte gedacht, dass es auch freundliche weiße Pudel gibt.
Vergnügt und mit guter Laune gehe ich zurück nach Hause.

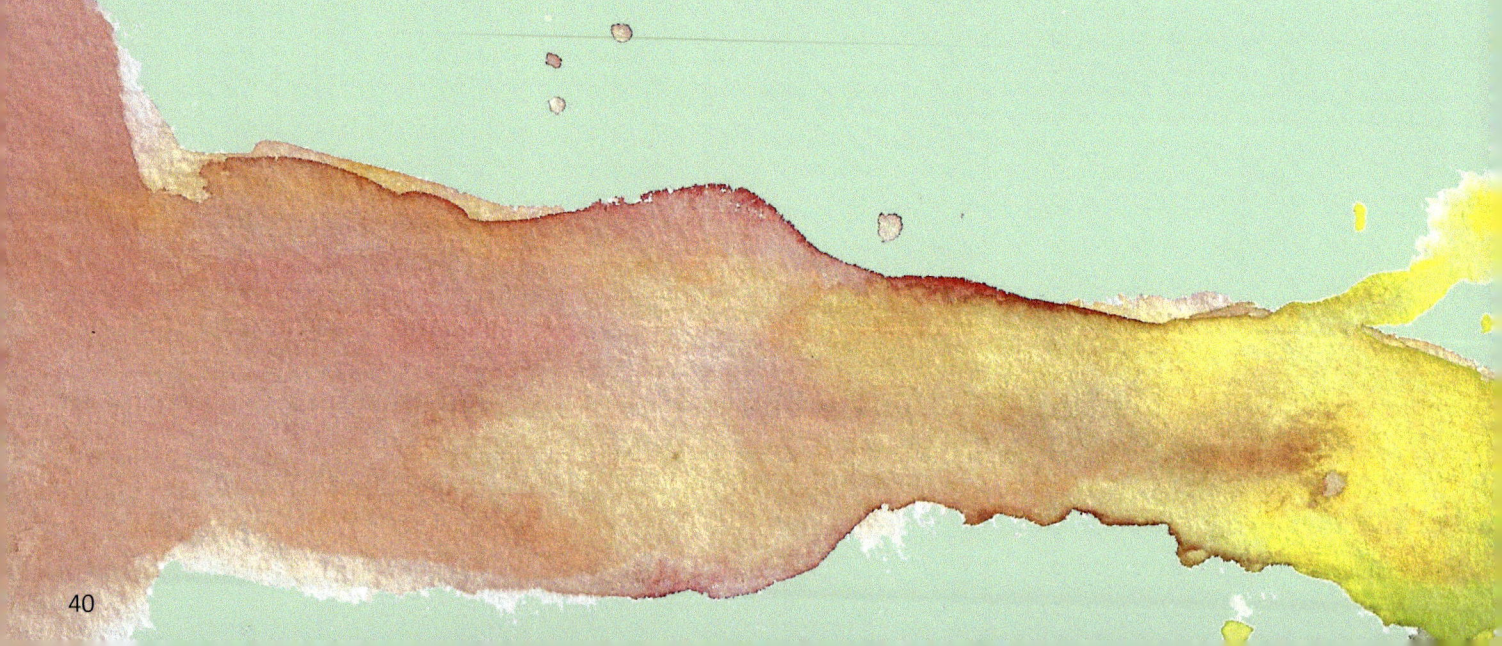

Am nächsten Tag kommt Jacky mich besuchen.
„Hallo Jacky! Komm, wir gehen in den Garten und spielen eine Runde mit meinem Ball." Wir toben uns richtig aus und es macht großen Spaß.
„Ich hätte nicht gedacht, dass ich hier so schnell einen so guten Freund finden würde", sagt Jacky.
Wir verstehen uns einfach super.

Als Simone in den Garten kommt, freut auch sie sich über meine neue Freundin. „Oh, was bist du denn für eine hübsche Hundedame?", sagt sie zu Jacky und krault sie hinter ihrem schwarzen Ohr.
„Das ist ja toll, dass ihr beide euch so gut versteht, wo ihr jetzt so nah beieinander wohnt." Nun bekommen wir beide von Simone erst mal eine Portion Leckerlis.
„Sam, deine Nachbarin ist ja total lieb!", sagt Jacky später zu mir.
Das stimmt! Genau wie du, denke ich und schmunzle vor mich hin.

Paul, mein Herrchen kommt in den Garten und Simone fragt:
„Hallo Paul, wie geht es dir?"
„Schon viel besser! Ich kann fast wieder richtig laufen.
Ab morgen drehe ich mit Sam wieder meine Runden."
„Das ist schön, da freue ich mich für euch", sagt Simone.

Am nächsten Tag kommt mein Herrchen mit der Hundeleine.
„Komm Sam, wir gehen jetzt erst mal eine große Runde in die Stadt."
Oh, da will ich jetzt nicht mehr so gerne hin, geht es mir durch den Kopf.
„Was ist los Sam? Du bist doch immer so gerne in die Stadt gegangen.
Du siehst aus, als würdest du dich gar nicht freuen oder hättest sogar Angst",
stellt Paul fest.
Da will ich nicht mehr hin, denke ich. Seit dem Vorfall mit den weißen
Pudeln, sind nur noch unschöne Erinnerungen übrig. Trotzdem gehen wir los
in Richtung Stadt. Nicht lange unterwegs, sehe ich schon das Rudel
der weißen Pudel. Ich bleibe wie angewurzelt stehen, um Paul zu zeigen,
dass ich da auf keinen Fall hingehen werde.

„Sam, was ist los?" Da sieht mein Herrchen das Rudel.
Sie haben einen schwarzen Pudel eingekreist und jagen ihn hin und her.
Als das mein Herrchen sieht, wird er böse.
„Was ist hier los?", schreit er die weißen Pudel an. „Lasst den armen Hund in Ruhe!"
Der schwarze Pudel sieht total verängstigt aus, was ich gut verstehen kann.
Paul bückt sich zu ihm. „Na mein Kleiner, bist du verletzt?
Lass mich mal nachschauen. Zum Glück sehe ich nichts, da sind wir nochmal rechtzeitig gekommen."
Von den weißen Pudeln ist weit und breit keiner mehr zu sehen.
„Armer Sam, jetzt weiß ich auch, woher du deine Verletzung am Ohr hattest", sagt Paul zu mir. „Komm! Gehen wir nach Hause.
Ich kann jetzt verstehen, dass du nicht mehr so gerne in die Stadt gehen willst."

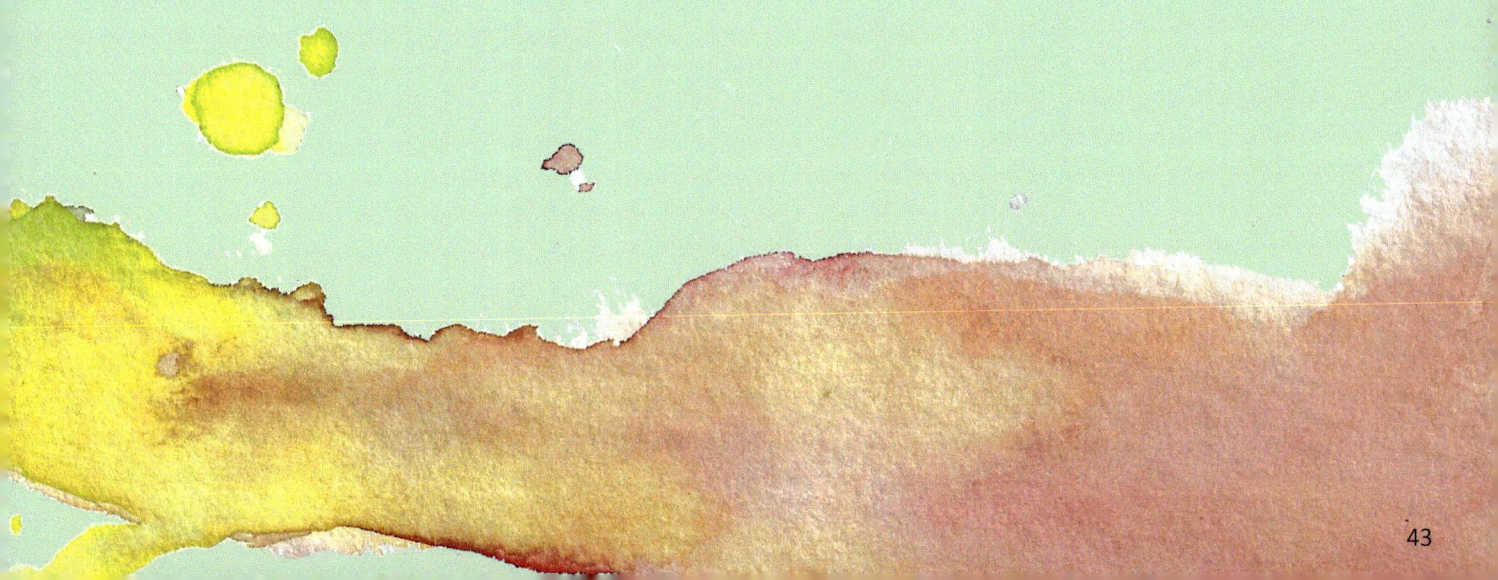

Auf dem Rückweg sehe ich Jacky in der Einfahrt sitzen. Mein Herrchen lässt mich von der Leine und ich stürme freudig auf Jacky zu.
„Kannst du dir vorstellen, was gerade passiert ist?", frage ich sie.
„Was ist los? Du bist ja total aufgeregt!", antwortet Jacky.
Ich erzähle ihr von dem Vorfall mit den weißen Pudeln.
„Die sind einfach so gemein!", regt sich nun auch Jacky auf.
„Mein Herrchen will dagegen etwas tun, sonst traut sich bald kein Hund mehr vor die Tür", beruhige ich sie.
„Ich hoffe er kann da etwas erreichen", sagt Jacky.
Am nächsten Abend verlässt mein Herrchen das Haus und geht zur Bürgerversammlung. Dort berichtet er von dem Vorfall.
„Dann wird das der Grund dafür sein, dass mein Hund auch nicht mehr vor die Tür will. Ich habe mich schon gewundert", meldet sich einer der Nachbarn zu Wort.

Viele Bürger geben ihm Recht und erzählen, was sie in letzter Zeit in der Stadt beobachten konnten.

„Die weißen Pudel haben sich zu einem Rudel zusammengeschlossen und haben ihr Revier am Marktbrunnen. Dort greifen Sie besonders gerne schwarze Pudel an," sagt Paul. „Ich war gestern Zeuge, wie sie einen kleinen schwarzen Pudel angegriffen haben.

Zum Glück konnte ich mit Sam noch rechtzeitig einschreiten und das Schlimmste verhindern. Meinem Sam haben sie ins Ohr gebissen. So kann das nicht weitergehen!"

Die Bürger stimmen ab und kommen zu dem Entschluss, dass man durchgreifen muss. „Wie wollen wir jetzt vorgehen?

Zu Beginn könnten wir abwechselnd eine Wache aufstellen, um vor Ort zu sein und einschreiten zu können, wenn die weißen Pudel sich ihr nächstes Opfer suchen?", schlägt der Ortsvorsteher vor.

Viele der Hundebesitzer melden sich freiwillig und mein Herrchen fängt morgen gleich mit der ersten Wache an.

Am nächsten Tag kommt Paul mit der Leine auf mich zu. „Auf geht es, Sam! Gehen wir mal in die Stadt, um Wache zu halten."
Aus Angst verkrieche ich mich schnell unter dem Sofa, aber Paul macht mir Mut „Wir sind doch zu zweit, und ohne dass wir etwas tun, kann es nicht besser werden", sagt mein Herrchen.
Ja, da hat er leider Recht, aber alles in mir sträubt sich, in die Stadt zu gehen. Doch schließlich gebe ich mir einen Ruck und so ziehen wir los.
Nachdem wir eine Stunde versteckt am Marktbrunnen verbracht haben, kommt das Rudel der weißen Pudel um die Ecke.
Leo, der Anführer, entdeckt mich als Erster und stürmt auf mich los, doch da greift schon mein Herrchen ein, den Leo wohl übersehen hat.
Paul hebt beide Arme und schreit Leo an: „Stopp!"
Überrascht bremst Leo ab. „Mit euren Treffen am Marktbrunnen und dem Einschüchtern anderer Hunde ist ab heute ein für alle Mal Schluss!"
Leo bellt mein Herrchen an und fletscht die Zähne, doch Paul zeigt keine Angst. An sein Rudel gewandt, sagt Leo: „Okay Leute, gehen wir für heute nach Hause und suchen uns morgen ein neues Revier.
So schnell lassen wir uns nicht klein kriegen." Und so ziehen sie ab.

Paul traut dem Frieden nicht und wir folgen Leo. Nach einer Weile geht dieser in ein altes Haus und Paul klingelt an der Tür.
Ein Mann, der nicht besonders freundlich aussieht, öffnet die Tür, gefolgt von Leo. „Hau ab du blöder Köter! Leg dich auf deinen Platz!", schreit der Mann Leo an. Er tritt Leo mit seinem Fuß fest in die Seite und Leo zieht sich mit schmerzverzerrtem Gesicht zurück.
„Hören Sie mal, das ist Tierquälerei!", empört sich Paul.
„Ich wüsste nicht, was Sie das angeht. Das ist mein Hund, mit dem kann ich machen was ich will", antwortet der Mann zornig.
„Und ob mich das etwas angeht! Aber deswegen bin ich eigentlich nicht hier. Ihr weißer Pudel verjagt und verletzt die schwarzen Pudel in dieser Stadt", informiert ihn Paul.
„Oh Leo, dann bist du ja doch für etwas gut", sagt der grimmige Mann zu seinem Hund.
„Das wird ein Nachspiel haben", droht Paul. „Eine Anzeige ist Ihnen sicher."
Leo sieht total eingeschüchtert aus, fast tut er mir jetzt leid.

„Komm Sam, mit solchen Leuten möchte ich nichts zu tun haben!"
Mein Herrchen schüttelt ungläubig den Kopf und wir gehen.
„Deswegen ist Leo so böse und gemein.
Er verhält sich anderen Hunden gegenüber einfach genauso,
wie sein Herrchen ihn behandelt", erklärt mir Paul.
Jetzt kann ich Leos Verhalten irgendwie verstehen, auch wenn die Erklärung Leos Verhalten nicht rechtfertigt. Leo fehlt ein gutes Vorbild und er braucht wie jedes Lebewesen Zuneigung. Da beides fehlt, lässt er seine schlechte Laune an uns schwarzen Pudeln aus.

Am Nachmittag kommt Jacky zu mir und ich erzähle ihr vom letzten
Aufeinandertreffen mit dem Rudel und dem Gespräch mit Leos Herrchen.
Ich erzähle ihr auch, dass Leo von seinem Herrchen misshandelt wird.
„Und ich glaube, deshalb ist er so gemein.
Er gibt weiter, was er selbst erlebt", erkläre ich ihr.
„Oh der Arme, das ist also der Grund, warum er so grausam zu den
schwarzen Pudeln ist", versteht nun auch Jacky.
„Ja, bestimmt! Mein Herrchen hat Leos Herrchen wegen Tierquälerei
angezeigt", schließe ich meine Erklärung ab.

„Hoffentlich hat das dann bald ein Ende mit dem weißen Pudelrudel
und wir können wieder ohne Angst in die Stadt gehen", freut sich Jacky.
„Dein Herrchen ist toll."
„Ja, das stimmt! Ich kann mir kein besseres Herrchen
an meiner Seite wünschen."

Simone kommt lachend um die Ecke. „Na ihr zwei, spielt ihr schön?"
Und sofort gibt es Streicheleinheiten und Leckerlis.
„Sam, ich fahre morgen nach München, da kannst du mitfahren und deinen Freund Timo besuchen. Freust du Dich?"
Das ist eine gute Frage! Freue ich mich?
Auf der einen Seite freue ich mich riesig, Timo wiederzusehen.
Aber dann sehe ich Jacky eine Weile nicht, was mich wahrscheinlich traurig machen wird. Denn ich habe mich total an sie gewöhnt und fühle mich wohl, wenn sie bei mir ist. Bin ich verliebt?
Ob schwarzes oder weißes Ohr, was spielt das für eine Rolle?
Im Gegenteil! Das macht sie doch zu etwas ganz Besonderen.
Ich glaube, ich bin dabei mich in die tollste Hundedame der Welt zu verlieben.

Nun fahre ich zu Timo in ein neues Abenteuer.
Und danach gibt es wahrscheinlich eine Menge zu erzählen...

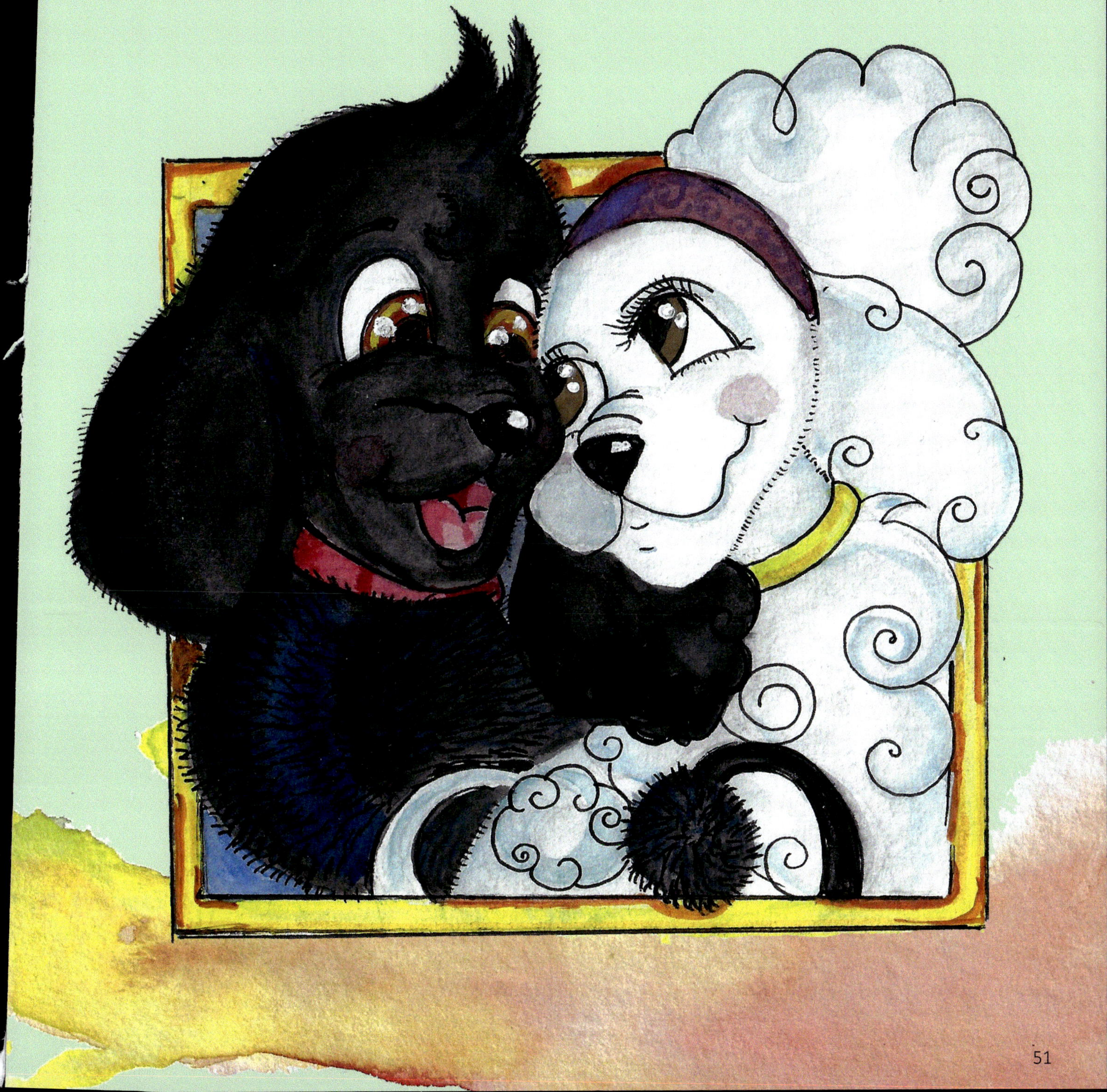

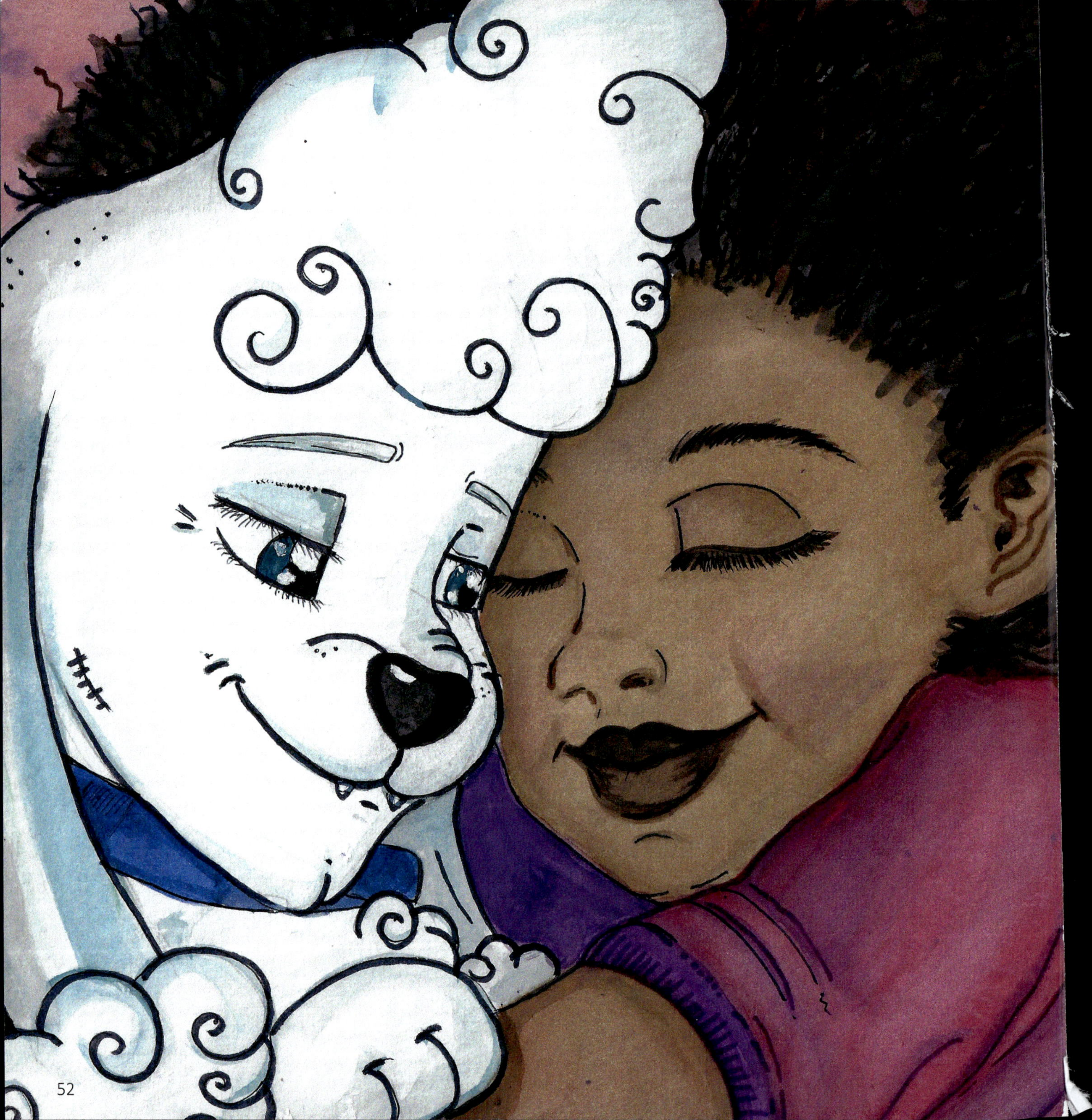